LE LIVRE DE LA VÉRITÉ DE PAROLE

CETTE ÉDITION
DUE A L'INITIATIVE
AMICALE DE M. E.
CHARBONNEAUX
A ÉTÉ ÉTABLIE PAR
F.-L. SCHMIED
QUI EN A CONÇU
L'ORDONNANCE ET
L'ORNEMENTATION
ET EXÉCUTÉ LE TI-
RAGE A 150 EXEM-
PLAIRES SUR SES
PRESSES

TRANSCRIPTION DES TEXTES ÉGYPTIENS
ANTIQUES PAR LE Dʳ J.-C. MARDRUS
A PARIS CHEZ F.-L. SCHMIED-PEINTRE
GRAVEUR - IMPRIMEUR - 74ᴮᴵˢ, RUE HALLÉ

LE LIVRE DE LA
VÉRITÉ
DE PAROLE

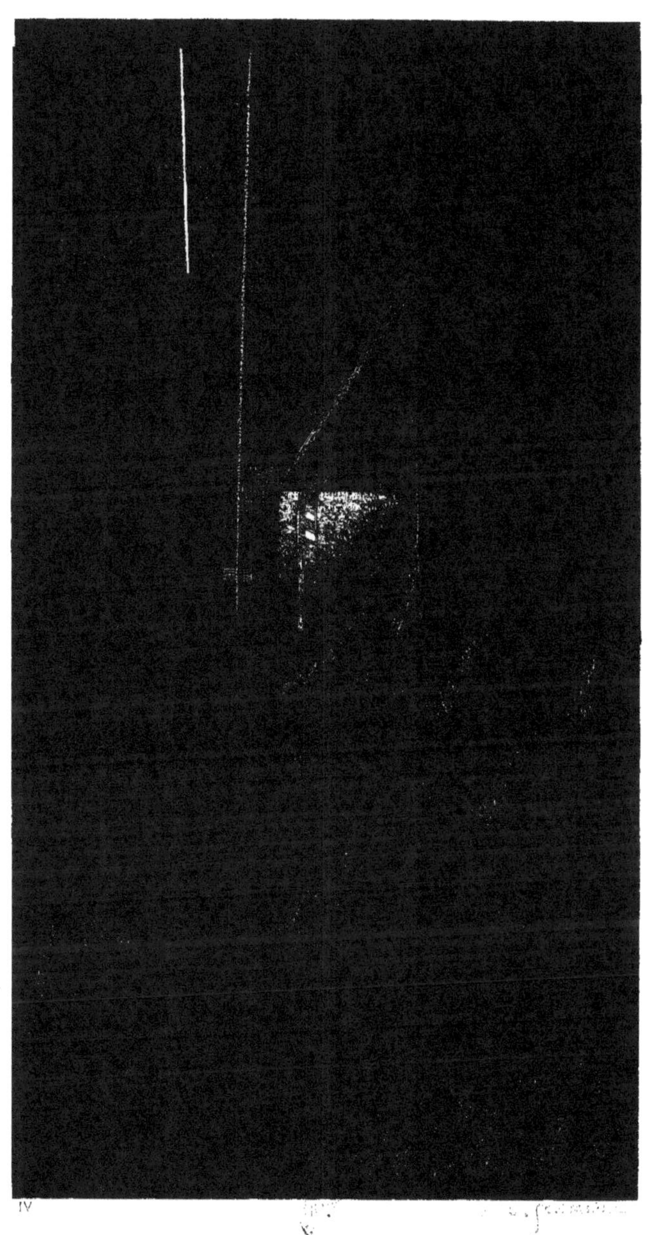

IV

'ÉGYPTE ANCIENNE, TOUT LE LONG DE SES DEUX RIVES, DEPUIS LA NUBIE JUSQU'A LA MER, EST UN LIVRE DE PIERRE D'UN DÉVELOPPEMENT DE QUATORZE CENTS KILOMÈTRES, COMPO-SÉ DE MONUMENTS, D'INSCRIPTIONS SUR CES MONUMENTS, DE STATUES — GRANDS HIÉ-ROGLYPHES — D'ÉCRITURES ET DE TEXTES — PETITS HIÉROGLYPHES — LE TOUT SCULP-

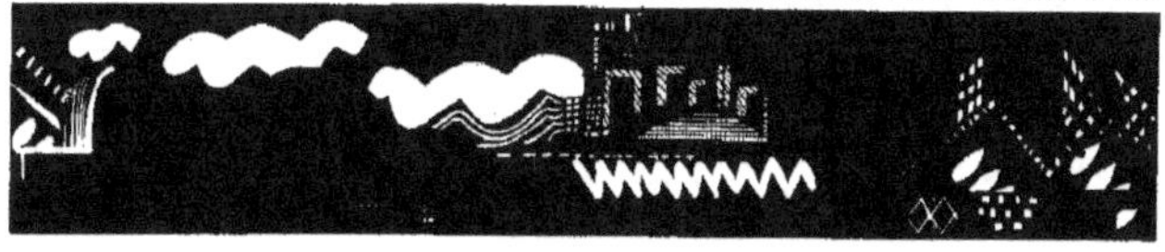

TÉ, GRAVÉ, PEINT, ENLUMINÉ SANS RE-LACHE ET SANS SO-LUTION DE CONTINUITÉ, DURANT UNE PÉ-RIODE DE SEPT MILLE ANS ENVIRON.

E LIVRE INDESTRUCTIBLE SEMBLE, A PREMIÈRE VUE, LE LANGAGE DE QUELQUE GÉ-NIE BAILLONNÉ QUI, PAR GESTES DÉSESPÉRÉS ET MAGNIFIQUES, CHERCHE A SE FAIRE COM-PRENDRE DU PASSANT, MAIS SANS Y PARVENIR.

IL EN EST DE MÊME DE CES BEAUX EXEMPLAIRES SUR PAPYRUS, ILLUSTRÉS DE VI-GNETTES ET AGRÉMENTÉS DE TABLEAUX, TRA-CÉS TANTOT EN CARACTÈRES HIÉROGLYPHI-QUES, TANTOT EN CARACTÈRES HIÉRATIQUES, INCANTATIONS PUISSANTES ENFERMÉES DANS LE SARCOPHAGE, AVEC LA MOMIE. CES EXEM-PLAIRES DEVAIENT, PRÉCISÉMENT, SERVIR

D'AIDE-MÉMOIRE A LA MOMIE, AU CAS OU ELLE VIENDRAIT A OUBLIER, DEVANT SES JUGES, DANS L'AMENTIT, CE QU'ELLE AVAIT APPRIS SUR TERRE EN VUE DE SA JUSTIFICATION DANS L'AU-DELA.

R, C'EST UNE SYNTHÈSE DE CES SOURCES DIVERSES QUE NOUS NOUS DÉCIDONS A PUBLIER AUJOURD'HUI, EN SOUHAITANT QUE CETTE TRANSCRIPTION SOIT DIGNE DES TEXTES DONT ELLE EST L'IMAGE EN RAC-COURCI, ET DIGNE DES ESPRITS AUXQUELS ELLE EST DÉDIÉE.

I LE GOUT D'UN PUBLIC DE CHOIX, ÉVEILLÉ PAR LES DERNIÈRES DÉCOUVERTES DE LA VALLÉE DE THÈBES ET PAR LA SÉRIE D'É-TUDES QUE NOUS AVONS DONNÉES DANS LES JOURNAUX ET REVUES, VEUT BIEN S'ATTA-CHER A CES PRÉMICES, NOUS NOUS ENGA-GEONS A LUI OFFRIR UNE ŒUVRE PLUS COM-PACTE.

OUS AVONS TENU A DÉPOUILLER CET ÉCRIT NOTRE DE TOUT ASPECT RÉBAR-BATIF, DE TOUTES NOTES PÉDANTES, DE TOUT 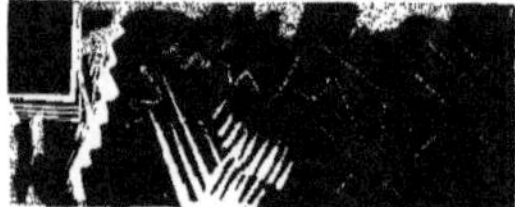 L'APPAREIL TECHNIQUE ET DES TERMES DÉCOURA-GEANTS DONT SE HÉRIS-SENT D'ORDINAIRE LES ÉCRITS DE NOS ÉPI-GRAPHISTES. NOUS PENSONS RENDRE AINSI SERVICE A CETTE CLASSE SÉLECTION-

NÉE DE LETTRÉS ET D'ARTISTES QUI, SEULE,
NOUS INTÉRESSE.

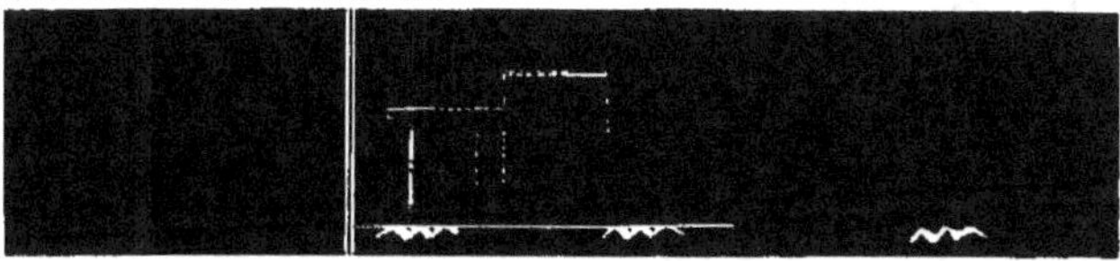

OUS DONNONS A CE LIVRE LE NOM
QUE LES ÉGYPTIENS EUX-MÊMES DONNAIENT
A TOUS LES ÉCRITS QUI AVAIENT TRAIT A
CETTE VIE DE L'AU-DELA, DANS LAQUELLE ON
N'ENTRAIT QUE PAR LA VERTU DES FORMU-
LES DOUÉES DE LA VÉRITÉ DE PAROLE.

OUS AURIONS PU,
AINSI QUE LE VEULENT
QUELQUES EGYPTOLO-
GUES, APPELER CET ÉCRIT " LE LIVRE DES
MORTS ", OU ENCORE " LE LIVRE DE CE
QU'IL Y A DANS L'HADÈS ". RIEN N'EUT ÉTÉ
PLUS FAUX. CAR LES ÉGYPTIENS IGNORAIENT
TOTALEMENT LA MORT TELLE QUE NOUS
LA CONCEVONS.

CE QUE NOUS NOMMONS DE CE MOT REDOU-
TABLE ÉTAIT, CHEZ EUX, UNE CHOSE FORT
RECHERCHÉE, ET A LAQUELLE ILS NE CES-
SAIENT PAS UN INSTANT DE PENSER ET DE
SE PRÉPARER. LA MORT ÉTAIT, POUR EUX,
UN SIMPLE CHANGEMENT DE CONDITION,
MAIS EN BEAUCOUP MIEUX.

N ÉGYPTIEN DE L'ANTIQUITÉ MEURT
COMME IL SE MARIE, SANS PLUS ; MAIS IL EST
ASSURÉ, D'AVANCE, DE CE QUI VA SE PRODUIRE

 POUR LUI DE MERVEIL-
LEUX. LE TOUT EST D'A-
VOIR UN BON OFFICIANT
POUR LA CÉRÉMONIE.

L'ÉTAT D'ESPRIT DE L'ÉGYPTIEN SUR
SON LIT DE MORT, EST IDENTIQUE A CELUI
DU PRÊTRE QUI, DÈS LA MINUTE OU, REVÊTU
DES HABITS SACERDOTAUX, A PRONONCÉ,

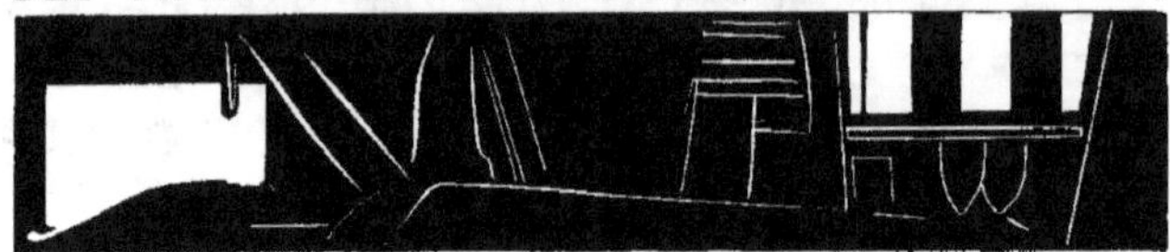

A L'AUTEL LES PREMIÈRES PAROLES SACRA-
MENTELLES, N'APPARTIENT PLUS NI A LUI-
MÊME NI A LA TERRE, MAIS AU SACRIFICE
DIVIN QU'IL VA CONSOMMER. IL SAIT QU'A SA
VOIX ET A SON GESTE, ÉMIS SELON LE RITE,
LES "ESPÈCES" DU PAIN ET DU VIN VONT SE
TRANSFORMER EN LA CHAIR DIVINE ET EN
LE SANG DIVIN. ET IL PROCÈDE, SANS TROU-
BLE, A L'ŒUVRE SACRÉE, A CE CHANGEMENT
DE SUBSTANCE, A CETTE TRANSFORMATION
QU'IL VA OPÉRER INDUBITABLEMENT PAR LE
GESTE QUI SE DOIT, PAR LE VERBE QUI SIED
ET PAR L'INTONATION JUSTE.

 DE MÊME, L'ÉGYP-
TIEN MOURANT A LA CER-
TITUDE QU'IL NE RESTE-
RA INERTE QUE QUELQUES INSTANTS APRÈS
L'ARRÊT DU CŒUR, JUSTE LE TEMPS D'ÊTRE
PURIFIÉ, D'ÊTRE EMBAUMÉ ET DE BÉNÉFICIER
DES RITES FUNÉRAIRES.

■L SAIT QU'A PARTIR DU MOMENT OU L'OFFICIANT JUSTE DE VOIX A ACCOMPLI SUR SA MOMIE LA CÉRÉMONIE DE L'OUVERTURE DE LA BOUCHE, UNE VIE NOUVELLE, INFINIMENT PLUS DURABLE ET PLUS SOUHAITABLE, TANT A L'INTÉRIEUR DE L'HYPOGÉE QUE DANS L'AU-DELA, LUI SERA A JAMAIS INFUSÉE, COMME ELLE LE FUT AUTREFOIS AU DIVIN OSIRIS, LE PREMIER DES RESSUSCITÉS.

■E MORT ÉGYPTIEN EST DONC UN VRAI-VIVANT. LA RÉGION OU IL ABORDE, HORS DE L'HYPOGÉE, N'EST PAS LE RIDICULE HADÉS DES GRECS, MAIS LE PAYS DE VIE, LA DIVINE RÉGION INFÉRIEURE, LE DIVIN DESSOUS, L'AMENTIT OU RÉGION CACHÉE, LE

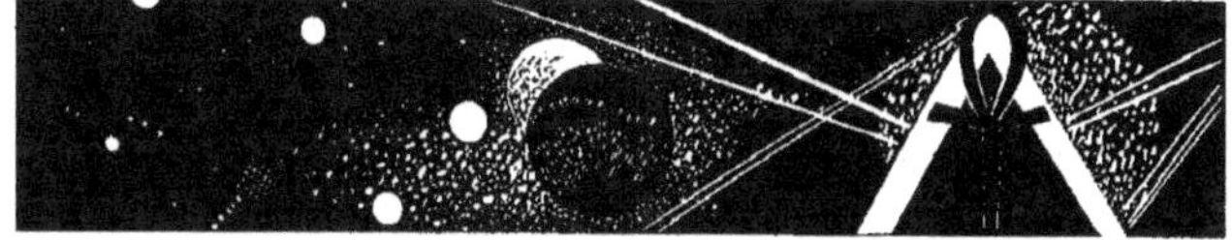

TERRITOIRE DE LA VÉRITÉ DE PAROLE, LA TERRE PROMISE DE L'OCCIDENT, LES BIEN-

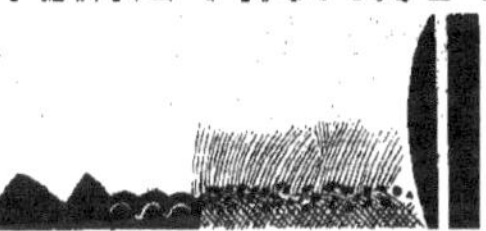

HEUREUX CHAMPS D'IALOU OU DES FÈVES EN FLEURS, LE PAYS DE LA MANIFESTATION A LA LUMIÈRE.

■'INFLUENCE EXERCÉE SUR LE MONDE ANTIQUE PAR LA PENSÉE DE L'ÉGYPTE, SUR TOUS LES DOMAINES : MÉTAPHYSIQUE, ART, PHILOSOPHIE, MYSTIQUE, A ÉTÉ TELLE QUE NOUS POUVONS AFFIRMER, QUE TOUT ÊTRE VRAIMENT GRAND DANS L'ANTIQUITÉ, N'A ÉTÉ GRAND QU'EN PROPOR-

TION DE LA CONNAISSANCE QU'IL AVAIT DE CETTE PENSÉE DE L'ÉGYPTE.

YTHAGORE, PLATON ET LES FONDATEURS DU JUDAISME ET DU CHRISTIANISME SONT L'ILLUSTRATION PÉREMPTOIRE DE NOTRE DIRE, QUI ONT PASSÉ LEUR JEUNESSE

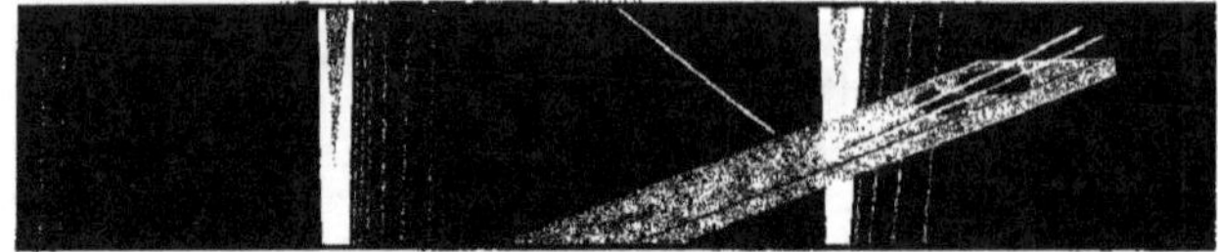

SUR LES BORDS DU NIL, AU MILIEU DES CENTRES INITIATIQUES. ALEXANDRE N'A PRIS CONSCIENCE DE LA PARCELLE DIVINE QUI ÉTAIT EN LUI, COMME EN TOUT ÊTRE ÉVOLUÉ, ET N'A DÉPASSÉ SON MAITRE ARISTOTE QU'APRÈS AVOIR REÇU L'INITIATION DU TEMPLE D'AMON, DANS LA GRANDE OASIS, BUT SUPRÊME DE SON EXPÉDITION. ET LE PEUPLE JUIF, S'IL EST DEVENU AU MILIEU DES AUTRES SÉMITES, LE PEUPLE ÉLU, NE DOIT-IL PAS CE PRIVILÈGE INSIGNE A SON LONG SÉJOUR DANS CETTE ÉGYPTE MÈRE DES HAUTES SPÉCULATIONS ? L'ÉVANGILE, ENFIN, NE NOUS APPREND-IL PAS QUE LE CHRIST LUI-MÊME PASSA TOUTE SON ENFANCE ET PEUT-ÊTRE TOUTE SA JEUNESSE SUR CETTE TERRE PROPICE A L'ÉCLOSION DU DIVIN ?

UE L'ON NE S'Y TROMPE DONC PAS.

ES TEXTES ENFERMÉS DANS CES PAGES SONT A LA BASE DE NOTRE CULTURE, A LA BASE DE TOUTES LES CIVILISATIONS. RIEN NE LEUR EST ANTÉRIEUR. ILS SONT LES SOURCES. CE QU'IL Y A DE PLUS ÉLEVÉ DANS LA PENSÉE DES SAGES DE TOUS LES TEMPS N'EST QU'UN REFLET DE LEUR ENSEIGNEMENT. ILS SONT LA GENÈSE, LA PREMIÈRE GENÈSE, CELLE DONT LES RACINES PLONGENT ET SE NOURRISSENT DANS LE GRAND MYSTÈRE.

" ÉGYPTE, ÉGYPTE ! — S'ÉCRIAIT "LE TRISMÈGISTE, A UNE DATE DÉJA ULTRA- "MILLÉNAIRE — IL NE RESTERA, UN JOUR, "DE TA PENSÉE ET DE TES GRANDS MYSTÈ- "RES, POUR LES GÉNÉRATIONS FUTURES, "QUE DES SIGNES TAILLÉS DANS LA PIERRE "ET DEVENUS INDÉCHIFFRABLES POUR "LE COMMUN DES HOMMES. MAIS ILS SUFFI- "RONT POUR T'IMMORTALISER DANS LES "SIÈCLES DES SIÈCLES."

DR J. C. M.

PORTIQUE

PREMIÈRE
PORTE

◎ FORMES
D'ÉTERNITÉ, ME VOICI.

E SUIS L'UN DE CES DIVINS
CHEFS, PORTEURS DE VÉRITÉ, JUSTES
DE VOIX PAR LA VERTU DU SEIGNEUR
DE LA VOIX, QUI FONT ÊTRE RÉA-
LITÉ PAR LA VOIX JUSTE ET L'INTO-
NATION JUSTE, LA PUISSANCE DE LA
VÉRITÉ DE PAROLE.

E VOICI. JE VOUS CONNAIS, O
MAITRES DE VÉRITÉ.

JE TE CONNAIS, DIEU SOURIANT, OUNNOFER, MON SEIGNEUR, L'ETRE BON, L'IMMOBILE DE CŒUR, SOUVERAIN DES MOMIES.

JE TE CONNAIS, O DIEU BLEU, JE CONNAIS TON NOM, JE CONNAIS LE NOM DE CES QUARANTE DEUX QUI SONT ASSIS AVEC TOI DANS LA SALLE DE VÉRITÉ.

ME VOICI DEVANT CE TRIBUNAL DU VÉRIDIQUE.

JE ME PRÉSENTE AVEC MON CŒUR SUR MA PAUME, EN MOMIE VIVANTE, OSIRIENNE, PARFAITE, PROSPÉRANTE, PURIFIÉE, FLORISSANTE, MEMBRES VERTS, ŒIL FASCINATEUR, UNE MERVEILLE DE MOMIE EXTRÊMEMENT.

MON RÉPONDANT EST LE

Guide des Chemins, Chef de la
Montagne d'Occident. Et ma
patronne est cette Divine Cou-
veuse, ma Nourrice, Dame de Nubie, Régente de Thèbes, qui m'a
nourri de son lait et m'a donné
les millions de Panégyries, avec
sa sœur, ma protectrice par ses
ailes, la Douce Dame d'Asie, Régente d'Eléphantine.

Je suis un Lumineux d'au-
jourd'hui enfanté par Hier. J'ai
traversé les Horizons de Verre,
les espaces planétaires, la convexité des mondes et la sainte
Constellation Sahou.

Je suis venu pour défendre
mon cœur, mon cœur de ma mère.
Le voici sur ma main. Qu'il soit
pesé dans la Balance de Vérité.

Je suis pur. Je suis pur.

ONC, JE VOUS RENDS HOMMAGE A VOUS TOUS, DIEUX DE VÉRITÉ. ET J'INVOQUE EN MON ESPRIT, MON CRÉATEUR, CELUI DONT JE SUIS NÉ, LE STABLE FILS DU STABLE, CONÇU ET ENFANTÉ PAR LUI-MÊME DANS LE TERRITOIRE DE STABILITÉ.

'INEFFABLE EST SON NOM. LE CACHE DES CACHES EST SON NOM. L'AMON DES AMEN EST SON NOM. PHRE HARMAKIS KHEPRA TOUM EST SON NOM. TOUT CE QUI A ÉTÉ, TOUT CE QUI EST, TOUT CE QUI SERA EST SON NOM.

L EST LE SEIGNEUR DU DEVENIR EN SOI, DANS LES DEMEURES DE MILLIONS D'ANNÉES. CEUX QUI SONT ENCORE DANS LE SEIN DE LEUR MÈRE ONT DÉJA LEUR FACE TOURNÉE VERS LUI. IL EST L'UNIQUE.

JE RENDS HOMMAGE, A CE MAI-
TRE DES MAITRES, CAR JE SUIS UNE
MOMIE VIVANTE, EN SON HEURE. JE

VIS EN TOUTE VÉRITÉ, DANS CETTE MANIFESTATION A LA LUMIÈRE. ET, LE VERBE, S'ÉTANT FAIT RÉALITÉ, PAR LA VERTU DE LA VOIX JUSTE, J'ARRIVE EN EPERVIER ET JE SORS EN PHÉNIX.

J'ARRIVE EN EPERVIER ET JE SORS EN PHÉNIX. JE VIS A MON GRÉ. JE VAIS OU IL ME PLAIT ALLER. J'ENTRE ET JE SORS CHAQUE JOUR SELON MON SEUL PLAISIR. JE CIRCULE OU BON ME SEMBLE. JE REVÊTS TOUTES LES FORMES QU'IL ME PLAIT DE REVÊTIR. JE TIENS LA PIERRE LAPIS DANS MA DEXTRE. J'AI A MON OREILLE DROITE LA FLEUR D'ANKHAM EN BOUCLE D'OREILLE. JE SUIS FLORISSANT, JE SUIS PROSPÉRANT. MES MEMBRES SONT VERTS, MON ŒIL EST FASCINATEUR. JE SUIS UNE MERVEILLE DE MOMIE EXTRÊMEMENT.

JE SUIS PUR. JE SUIS PUR.

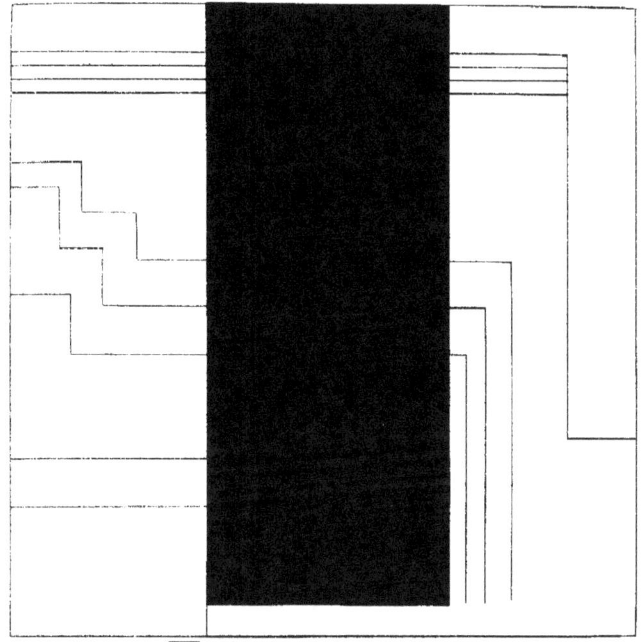

— "ⅮONC SALUT A CE CHEF
"DIVIN, A CE LUMINEUX D'AUJOUR-
"D'HUI ENFANTÉ PAR HIER, A CE
"NOURRISSON D'UNE DÉESSE.

"ⅮALUT A CE FERME DE
"CONDUITE, BOUCHE PURE, INTÉ-
"RIEUR PUR, CŒUR PUR.

"ⅮU ARRIVES EN MOMIE
"VIVANTE, PARFAITE EN SON HEU-
"RE. TU ENTRES EN EPERVIER ET
"TU SORS EN PHÉNIX.

“TU TIENS LA PIERRE LAPIS
“DANS TA DEXTRE. TU AS A TON
“OREILLE DROITE LA FLEUR D'AN-
“KHAM EN BOUCLE D'OREILLE. TON
“ŒIL EST FASCINATEUR.

“TU VIS EN TOUTE VÉRITÉ. TU
“ES UNE MERVEILLE DE MOMIE
“EXTRÊMEMENT.

“DONC, SALUT A TOI. TU
“ÉCLIPSES L'OR BLANC. LA TERRE
“ENTIÈRE, PAR TOI EN DILATATION
“DE CŒUR, VOIT TOUTES LES COU-
“LEURS DE L'ARABIE.

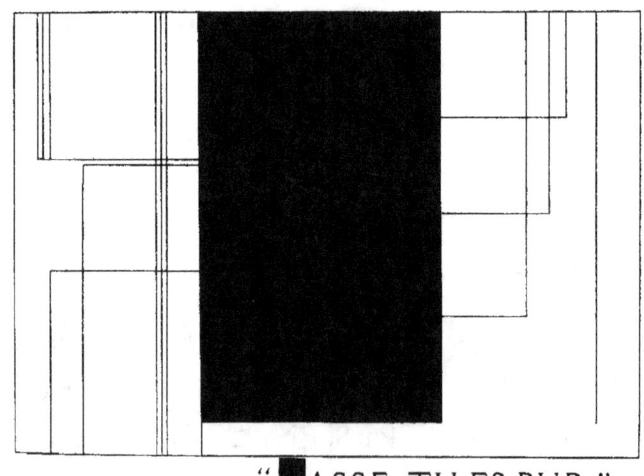

“BASSE, TU ES PUR.”

DEUXIÈME
PORTE

II

FORMES

D'ÉTERNITÉ,

ME VOICI.

JE SUIS UNE MOMIE PARFAITE,
JE SUIS UNE MOMIE QUI VIT EN TOU-
TE VÉRITÉ.

JE SUIS PUR.

VOICI MES MAINS, ELLES SONT
PURES. VOICI, SUR MA PAUME, MON
CŒUR DE MA MÈRE. IL EST PUR.

AH! QU'IL SOIT PESÉ, CE CŒUR, DANS LA BALANCE DE VÉRITÉ, EN CONTREPOIDS AVEC L'HIÉROGLYPHE DE LA VÉRITÉ. IL EST PUR.

JE LE CONFESSE, DEVANT VOTRE FACE, O DIEUX DE VÉRITÉ : IL EST PUR COMME JE SUIS PUR.

CAR L'EAU VIVE, JAMAIS JE NE L'AI SOUILLÉE.

LA FLAMME DE L'INTELLIGENCE, JAMAIS JE N'AI SOUFFLÉ DESSUS.

LES ÉNERGIES, POINT JE NE LES AI ABOLIES.

LA CLARTÉ, JAMAIS JE NE L'AI VOILÉE.

LA DIVINE LUMIÈRE, POINT JE NE L'AI MASQUÉE.

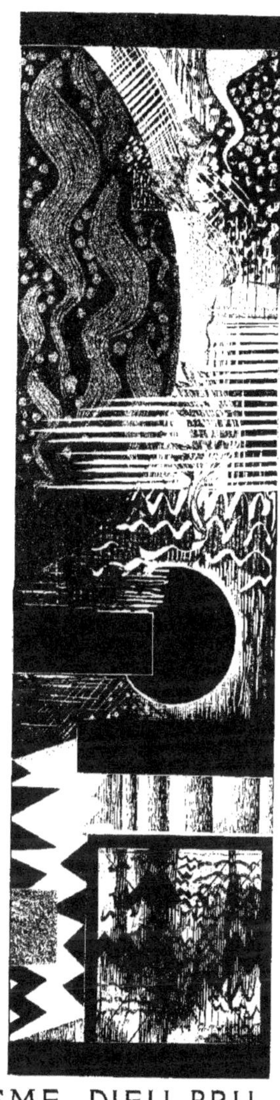

ENTHOUSIASME, DIEU BRU
LANT DES POITRINES, JAMAIS JE NE
L'AI REFROIDI.

ET LA BEAUTÉ, QUI EST LA VÉ-
RITÉ DES FORMES, JAMAIS JE NE L'AI
OFFENSÉE.

MAIS FÉAL DE MA RÉGENTE, LA
DAME DE VÉRITÉ, JE SUIS UNE MO-
MIE NOURRIE DE VÉRITÉ, DONT LE
CORPS EST TREMPÉ DANS LE BASSIN
DE PURETÉ, ET QUI JAMAIS, EN L'É-
NONÇANT, N'A ALTÉRÉ LA VÉRITÉ.

JE SUIS PUR, JE SUIS PUR.

LA VIE, POINT JE NE L'AI SAU-
VÉE AUX DÉPENS DE LA VIE D'AUTRUI.

POINT DANS MES FILETS JE N'AI
CAPTÉ CES POISSONS DIVINS, LES
SYMBOLES, NI CES OISEAUX DE MYS-
TÈRE, LES FORMULES.

LA DURETÉ DU CŒUR, POINT JE
NE L'AI CONNUE.

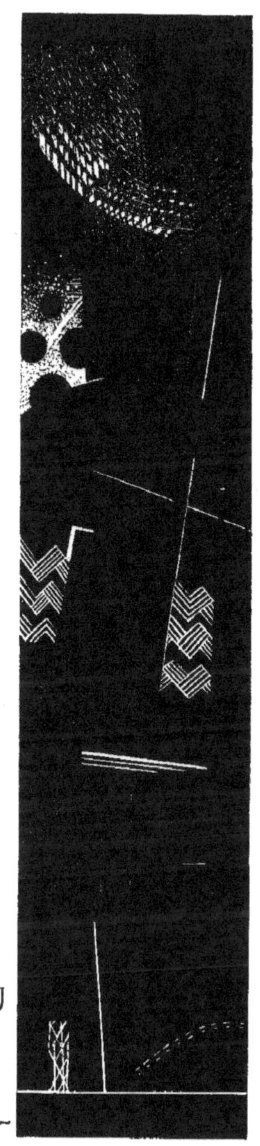

L'EAU
FRAICHE,
JE L'AI DON-
NÉE A QUI AVAIT SOIF, LE FROMENT

A QUI EN MANQUAIT, LE LIN A QUI
ÉTAIT NU.

E SUIS PUR, JE SUIS PUR.

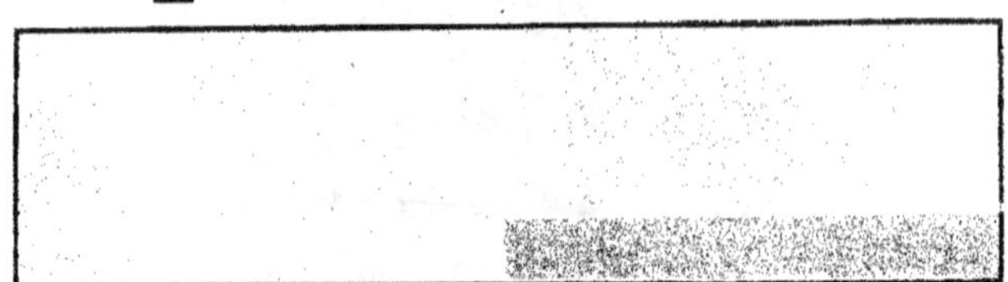

ANS CETTE SALLE DE VÉRITÉ,
JE PASSE DEVANT LE TRIBUNAL DU
VÉRIDIQUE, SOUTENU PAR MA PA-
TRONNE, LA DAME DE VÉRITÉ. ET
L'IMMOBILE DE CŒUR ET LES QUA-
RANTE DEUX NOMARQUES, DÉFEN-
SEURS DE LA VÉRITÉ, DONT JE CON-
NAIS LE NOM EN TOUTE VÉRITÉ, ME
RENDENT MON CŒUR QU'ILS JU-
GENT LÉGER, LÉGER.

AR JE SUIS PUR, JE SUIS PUR.

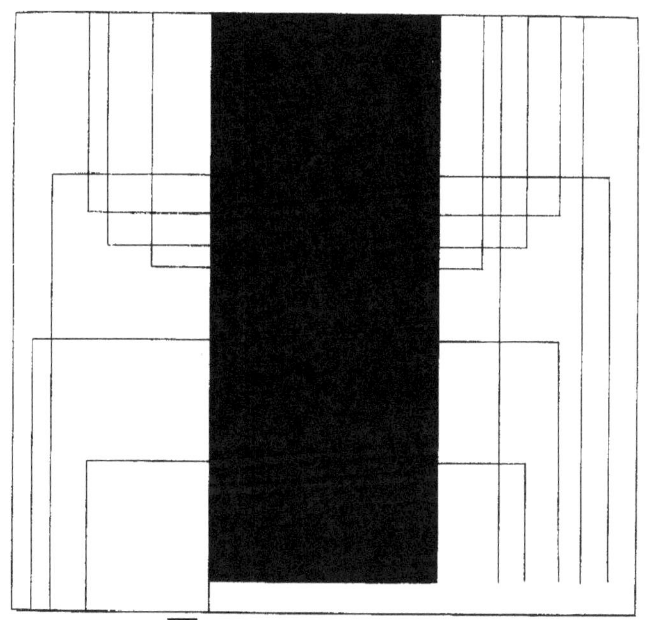

— "ᴅONC, SALUT A TOI, O MO-
"MIE NOURRIE DE VÉRITÉ. TU ES UN
"SEIGNEUR SPLENDIDE, COMPAGNON
"DE LA VÉRITÉ. TU ES UN MAITRE
"DE RAMES DANS LA BARQUE DU SEI-
"GNEUR D'ABYDOS, ET TU TE FONDS,
"AU FIL DU FLEUVE SACRÉ, DANS LE
"SEIN DU SOLEIL DE VÉRITÉ. DONC,
"SALUT A TOI, AVEC TON CŒUR LÉ-
"GER DANS LA BALANCE DE VÉRITÉ.

"ᴘASSE TU ES PUR."

TROISIÈME PORTE

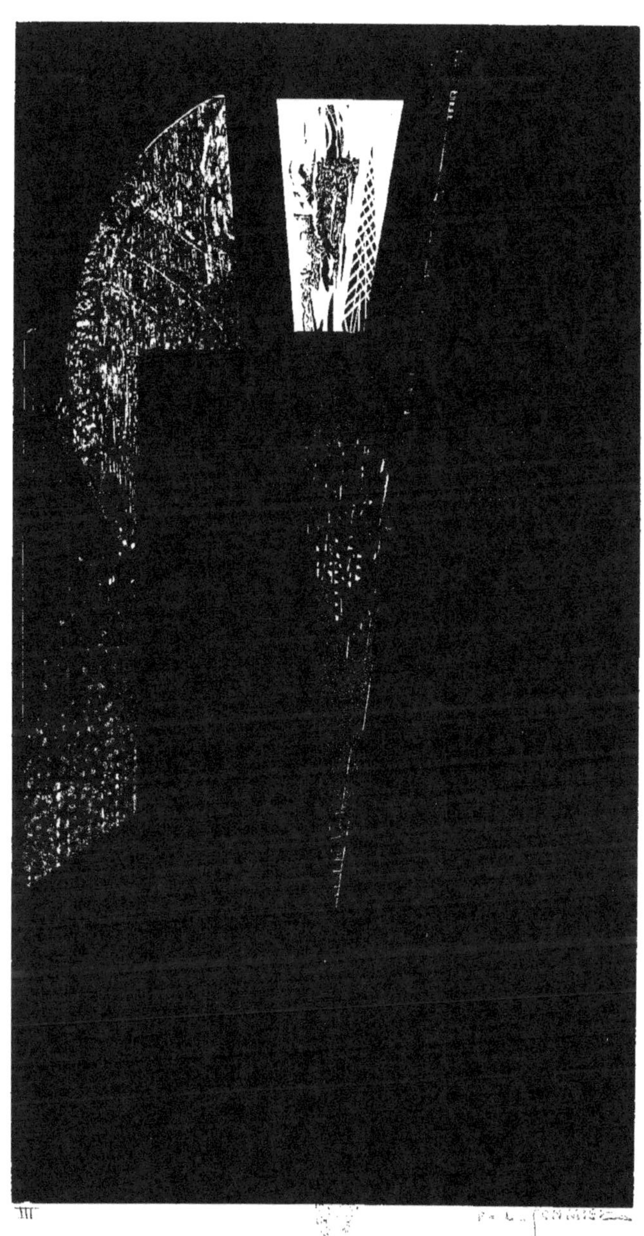

III

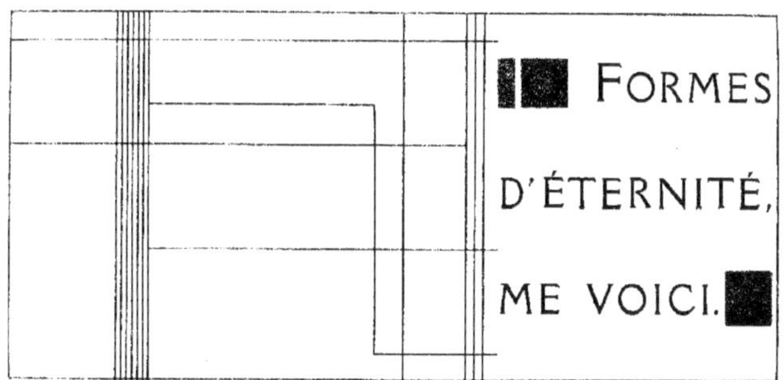

E SUIS UN REVÊTU DE LIN, AUX MAINS PURES, AUX LÈVRES PU- RES. JE SUIS STABLE. MES MEMBRES SONT STABLES QUI ME SONT REVE- NUS. LA DAME MAIT EST MA RÉ- GENTE QUI M'INSTRUIT, ET MA PRO- TECTRICE DANS L'AMENTIT EST LA DAME DE L'OCCIDENT QUI M'ATTRI- BUE DE RICHES ÉTOFFES TISSÉES.

EST POURQUOI LE HARPISTE DE LA DEUXIÈME PORTE M'A RECON- NU ET M'A DIT :

REVÊTU DE LIN, CHÉRI DE LA DAME MAIT ET DE LA RÉGENTE DE L'OCCIDENT, O DOUÉ DE MAINS PURES, DE LÈVRES PURES, FAIS UN HEUREUX JOUR, FAIS UN HEUREUX JOUR.

POUR TES NARINES, IL Y A
TOUJOURS PARFUMS ET ESSENCES
DES ECHELLES DE L'ENCENS. IL Y A
GUIRLANDES ET LOTUS POUR TES
ÉPAULES. IL Y A CHANT ET MUSIQUE
POUR L'ESPRIT DE TES OREILLES. IL Y
A DANSE DE BALADINES POUR L'ES-
PRIT DE TES YEUX. IL Y A BRISE DU
NORD SUR TON FRONT. FAIS UN
HEUREUX JOUR, FAIS UN HEUREUX
JOUR.

Ô REVÊTU DE LIN, Ô STABLE
DANS LA STABILITÉ, MAINS PURES,
LÈVRES PURES, ÂME PURE, IL Y A, À
L'OMBRE DE TES ACACIAS, AU BORD
DE TON LAC FLEURI DE NYMPHÉAS,
IL Y A TA CHÉRIE ASSISE AUPRÈS DE
TOI, ET LES SEINS DE TA CHÉRIE,
POUR FAIRE UN HEUREUX JOUR,
POUR FAIRE UN HEUREUX JOUR.

Ô CHÉRI DE LA DAME SOUVE-
RAINE DU PAYS DE VIE, TE VOICI
PROSPÉRANT. IL Y A POUR TOI BELLE
VILLA PEINTE, DANS LES JARDINS DES

FÈVES EN FLEURS. FAIS UN HEUREUX
JOUR, FAIS UN HEUREUX JOUR.

TU ES DANS LA BÉATITUDE, TU
AS LA PIERRE LAPIS DANS LA MAIN,
TU PRENDS PLACE DANS LE CYCLE
DES DIEUX, TA SCIENCE EST UNE
MONTAGNE EN POIDS ET EN VOLU-
ME, AH! FAIS UN HEUREUX JOUR,
FAIS UN HEUREUX JOUR.

TU ES DANS LA BÉATITUDE.
TOUT CE QUE L'ON PROFÈRE CON-
TRE TOI EST NÉANT, TOUT CE QUE
L'ON INVOQUE POUR TOI EXISTE A
L'INSTANT. TON CŒUR EST EN
LIESSE. TU ES EN JUBILATION. TON
NOM S'ÉLÈVE JUSQU'A LA RÉGION
DES NUAGES. FAIS UN HEUREUX
JOUR, FAIS UN HEUREUX JOUR.

TU CÉLÈBRES DES MILLIONS DE
PANÉGYRIES, TANDIS QUE, COMME
TOI, LES DIEUX JUBILENT ET LES AN-
CÊTRES S'ÉBAUDISSENT. TU ES UNI
AUX MAITRES DE L'ÉTERNITÉ. TU ES
EN PAIX, EN PAIX DANS LE PAYS DE

VÉRITÉ. TU FAIS UN HEUREUX JOUR,
TU FAIS UN HEUREUX JOUR.

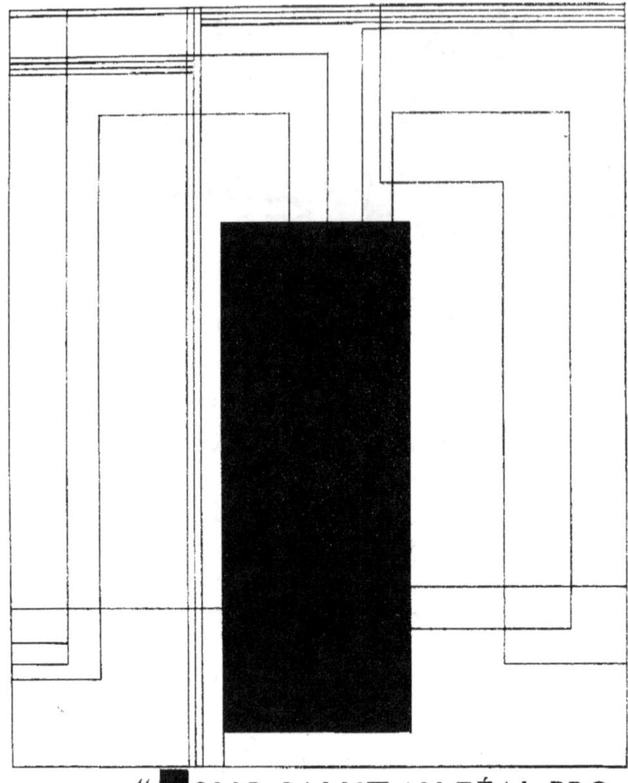

—"DONC, SALUT AU FÉAL PRO-
"TÉGÉ DE LA DAME DE L'OCCIDENT,
"LA SOUVERAINE AUX DOUX YEUX
"DU PAYS DE VIE, LA GRANDE RÉ-
"GENTE DE THÈBES, DANS LA DE-
"MEURE DE L'UNIQUE.

              "PASSE, TU ES PUR."

QUATRIÈME PORTE

FORMES

D'ÉTERNITÉ,

ME VOICI.

E SUIS UN DES MAITRES DE L'É-
CRITOIRE ET DE LA PALETTE AUPRÈS
DES DIEUX DE LUMIÈRE.

CRIBE DIVIN EN MON HEURE
PAR LA VERTU DE CE QUE J'AI TRACÉ,
SELON LE RAYONNEMENT ÉTERNEL
DE LA VÉRITÉ, JE SAIS, EN TOUTE VÉ-
RITÉ, LES FORMULES DOMINATRICES
QUI SUBJUGUENT LE MAL, FILS DU
MAL, JUGULENT LA GÉNÉRATION
DES MAUVAIS ET DÉTRUISENT LES
FACES DE NUIT.

PAR L'ENCHANTEUR DES DIEUX, MON PATRON THOT QUI EST DANS LES ÉCRITURES, MON INTELLECT EST MUNI, MON CORPS AVEC SES MEMBRES EST MUNI, MES AMES ET MON ESPRIT SONT MUNIS DE CE PAR QUOI JE PRÉVAUX CONTRE LES FORCES DE DESTRUCTION.

ME VOICI DONC PAR LA GRACE DE MON MAITRE, ME VOICI UN SEIGNEUR SPLENDIDE EN SON DEVENIR, PORTEUR DES MYSTÉRIEUSES ARCHIVES DE SA VIE, TRACÉES LORS DE MON HABITAT DANS L'ŒIL DU DIEU CACHÉ.

LA POUSSIÈRE DES CHOSES MORTES ET DES PAGES STÉRILES, POINT JE N'AI RESPIRÉ. MAIS HABILE DE MES DOIGTS, SUBTIL EN MON ESPRIT, DIFFICILE EN MON CŒUR, JE N'AI RESPIRÉ QUE PAR LA NARINE DE L'OCÉAN ET PAR L'ÉVENTAIL DES VAGUES.

LES DIX ESSENCES VOLATILES ET LES HUILES D'ACCLAMATION FURENT LES SEULES COULEURS DE MON

ÉCRITOIRE. ELLES RENDIRENT IN-
DÉPENDANT MON CŒUR, ELLES FI-
RENT INFATIGABLE MON ESPRIT.

MON NOM, DANS LA PÉREN-
NITÉ, EST "LE SCRIBE QUI FAIT ÊTRE
RÉALITÉ LA PUISSANCE DE LA VÉRITÉ
DE PAROLE, DANS LE TERRITOIRE DE
LA VÉRITÉ".

SALUT DONC, HORIZON SPLEN-
DIDE DU CIEL DU NORD, DANS LE
GRAND BASSIN TRÈS VERT. JE ME
TIENS DEBOUT EN DIEU PROSPÉRANT
DANS LES HAUTEURS SACRÉES, VO-
GUANT EN ÉQUILIBRE, EN ÉQUILIBRE,
SOUS TES VOILES COULEUR DE FEU.
ET JE CONNAIS TON NOM ET LE NOM
DE TES VOILES. ET, UNE PAR UNE, JE
LES NOMME EN MON CŒUR.

QUANT A VOUS, FACES DE
NUIT, SPECTRES DANS L'OMBRE, CO-
LÈRE DE LA COLÈRE, O "DOUBLES"
MALÉFIQUES QUI, DERRIÈRE MOI, EN-
TREZ EN TAPINOIS DANS L'OBSCU-
RITÉ, LE NEZ EN ARRIÈRE, LA FACE
OBVERSE,

Ô VOUS, MAUVAIS, FILS DES MAUVAIS, GÉNÉRATION DU MAUVAIS, A JAMAIS FRUSTRÉS DE CE POUR QUOI VOUS SURGISSEZ DU FOND DE VOTRE NUIT ET DE VOTRE MÉCHANCETÉ,

Ô VOUS TOUS, MALES OU FEMELLES, VISAGES A REBOURS A QUI JE NE PERMETS RIEN, A QUI JE NE TOLÈRE RIEN, A QUI POINT JE NE PERMETS DE FAIRE LA NUIT DANS MA POITRINE, CONTRE VOUS JE M'INSURGE AVEC LES ÉPINES DU MORMYRE, AVEC L'ÉCHINE DU LATUS, AVEC L'ARÊTE DU SILURE, AVEC LES DENTS DE L'OXYRINQUE.

A L'INSTANT, JE VOUS RENVERSE, O RENVERSÉS, FACES RÉVULSÉES. JE M'ÉLÈVE CONTRE VOUS AVEC MES MAITRES ET VOS MAITRES, AVEC LE SEIGNEUR DE LA VOIX, AVEC LE CHEF DU ROULEAU, AVEC L'IMMOBILE DE CŒUR, AVEC LE GUIDE DES CHEMINS, AVEC LE RÉGENT DU PAYS DE VIE, AVEC LE FLUIDE DES DIEUX, AVEC LA CROIX ANSÉE.

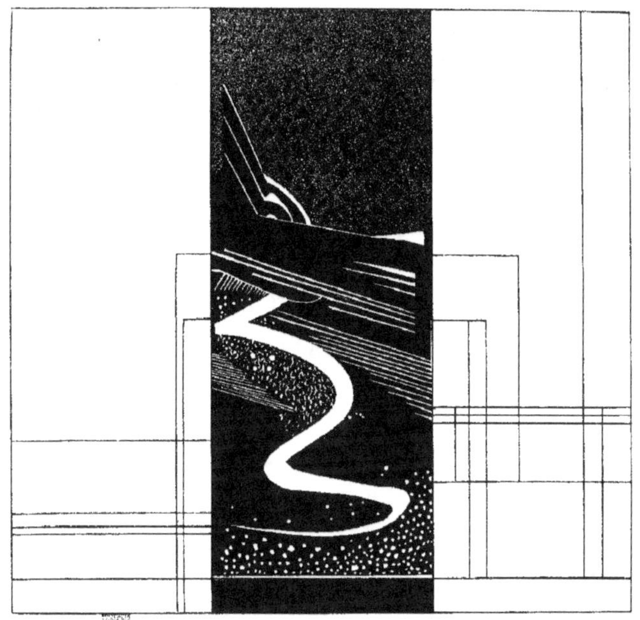

ÉVANOUISSEZ-VOUS, VAMPIRES ! AU-DEDANS DE MOI, JAMAIS VOUS N'ENTREREZ. PAR MES OREILLES, JAMAIS VOUS N'ENTREREZ. PAR MON NEZ ET PAR MA BOUCHE, LARVES, GERMES OU MALADIES, JAMAIS VOUS N'ENTREREZ.

CAR JE SUIS PUR, JE SUIS PUR DE LA PURETÉ DU GRAND PHÉNIX DANS HÉLIOPOLIS.

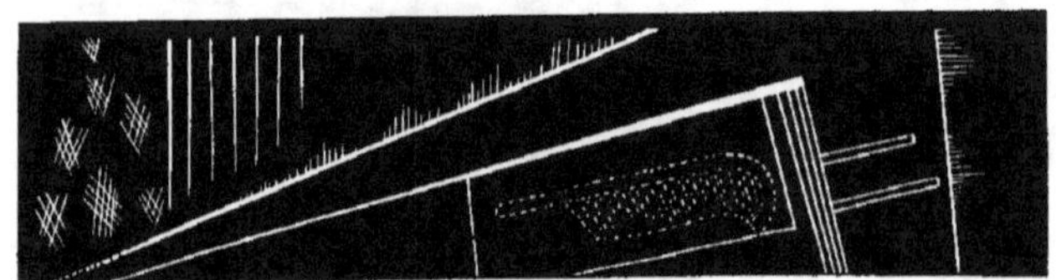

AR JE M'ÉLÈVE CONTRE VOUS AVEC LE CHARME DES CHARMES, AVEC LES SEPT NŒUDS DES DEUX SŒURS DIVINES, AVEC LE NOU MAGIQUE, AVEC L'INSURMONTABLE KHOPESCH, AVEC L'EAU ROUGE ET L'ESSENCE DE TAHONOU, AVEC LE SCARABÉE DU CŒUR, AVEC LA DOUBLE PLUME DE L'OSIRIENNE, AVEC LA VÉRITÉ DE PAROLE.

T JE VOUS SCELLE A JAMAIS DANS VOTRE RÉDUIT DE NÉANT AVEC LE SCEAU DE L'ETERNITÉ.

AR JE SUIS PUR, JE SUIS PUR, JE SUIS PUR.

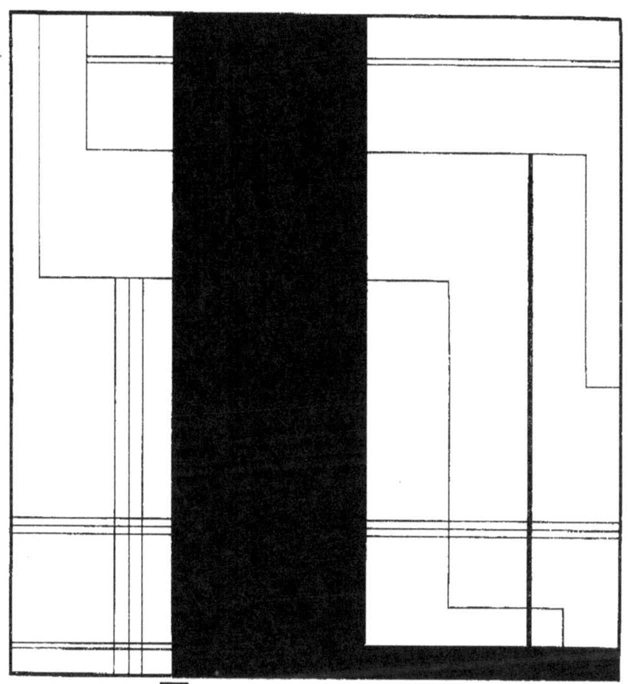

— “ ONC, SALUT A TOI, O MON
“FÉAL, SEIGNEUR SPLENDIDE, SCRIBE
“EN SON HEURE, AUPRÈS DES DIEUX
“DE LUMIÈRE. SALUT A TOI QUI, PAR
“LE VERBE DÉTACHÉ DE L’ESSENCE
“DIVINE, FAIS ÊTRE RÉALITÉ LA PUIS-
“SANCE DE LA VÉRITÉ DE PAROLE.
“SALUT A TOI, MON FILS DE MON
“FLANC, SALUT A TOI, MON FILS DE
“MES OS.

“ ASSE, TU ES PUR.”

CINQUIÈME
PORTE

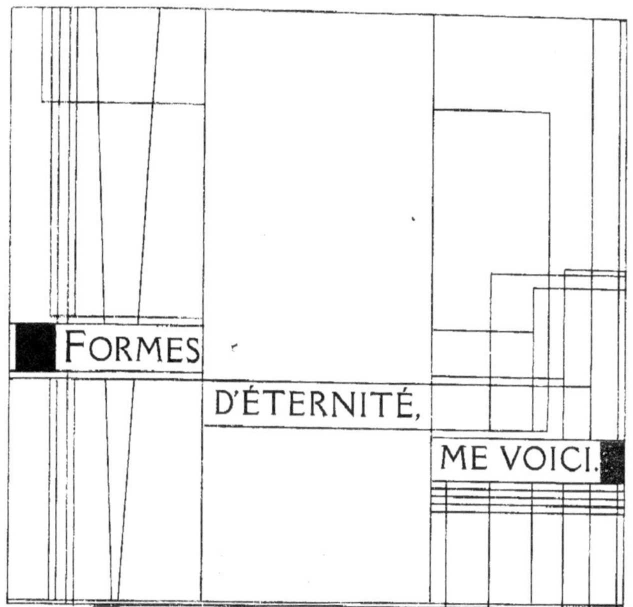

JE SUIS UNE MOMIE VIVANTE DANS LE PAYS DE VIE OU RÈGNE MA SOUVERAINE, LA DAME AUX DOUX YEUX. JE SUIS MAITRE D'ATELIER DANS L'ATELIER DES DIEUX.

L'INFINI, JE L'AI CHERCHÉ DANS TOUT. L'INFINI, JE L'AI MIS DANS TOUT. CAR LE DEVENIR EST LA GRANDE AFFAIRE, LE DEVENIR EST LA GRANDE AFFAIRE. ET L'ÉTERNITÉ EST LE BUT, L'ÉTERNITÉ EST LE BUT.

L'INFINI DANS LE BIEN DES FOR-
MES, JE L'AI CHERCHÉ, ET L'AI TROUVÉ,
C'EST LA BEAUTÉ DES FORMES.

L'INFINI DANS LE BIEN DE L'AME,
JE L'AI CHERCHÉ, ET L'AI TROUVÉ,
C'EST LE SENTIMENT.

L'INFINI DANS LE BIEN DES AC-
TES, JE L'AI CHERCHÉ, ET L'AI TROU-
VÉ, C'EST LA JUSTICE.

L'INFINI DANS LE BIEN DE LA
PENSÉE, JE L'AI CHERCHÉ, ET L'AI
TROUVÉ, C'EST LA VÉRITÉ.

L'INFINI DANS LE BIEN DE LA
VIE, JE L'AI CHERCHÉ, ET L'AI TROU-
VÉ, C'EST LA SANTÉ.

L'INFINI DANS L'ABSENCE DE
VIE, JE L'AI TROUVÉ ET L'AI ÉVITÉ,
C'EST LA MORT.

L'INFINI DANS L'ABSENCE DU
BIEN, JE L'AI TROUVÉ ET L'AI ÉVITÉ,
C'EST LE MAL.

L'INFINI DANS L'ABSENCE DU
BIEN DES FORMES, JE L'AI TROUVÉ ET
L'AI ÉVITÉ, C'EST LA LAIDEUR.

L'INFINI DANS L'ABSENCE DE L'ART, JE L'AI TROUVÉ ET L'AI ÉVITÉ, C'EST LA ROUTINE.

L'INFINI DANS L'ABSENCE DU BIEN DES ACTES, JE L'AI TROUVÉ ET L'AI ÉVITÉ, C'EST L'INJUSTICE.

L'INFINI DANS L'ABSENCE DU BIEN DE LA PENSÉE, JE L'AI TROUVÉ ET L'AI ÉVITÉ, C'EST L'ERREUR.

L'INFINI DANS LES CIEUX ET SUR LA TERRE, JE L'AI CHERCHÉ ET L'AI TROUVÉ. C'EST LE MYSTÈRE.

MAIS LE MYSTÈRE DU DIVIN DESSOUS DES CHOSES, JE L'AI CHERCHÉ SANS LE TROUVER, SANS LE TROUVER.

JE SUIS UN MAITRE D'ATELIER DANS L'ATELIER DES DIEUX. JE SUIS UNE MOMIE VIVANTE DANS LE PAYS DE VIE OU RÈGNE MA SOUVERAINE, LA DAME AUX DOUX YEUX. SA MAIN ME COUVRE. JE VIS DE VÉRITÉ.

JE SUIS PUR, JE SUIS PUR.

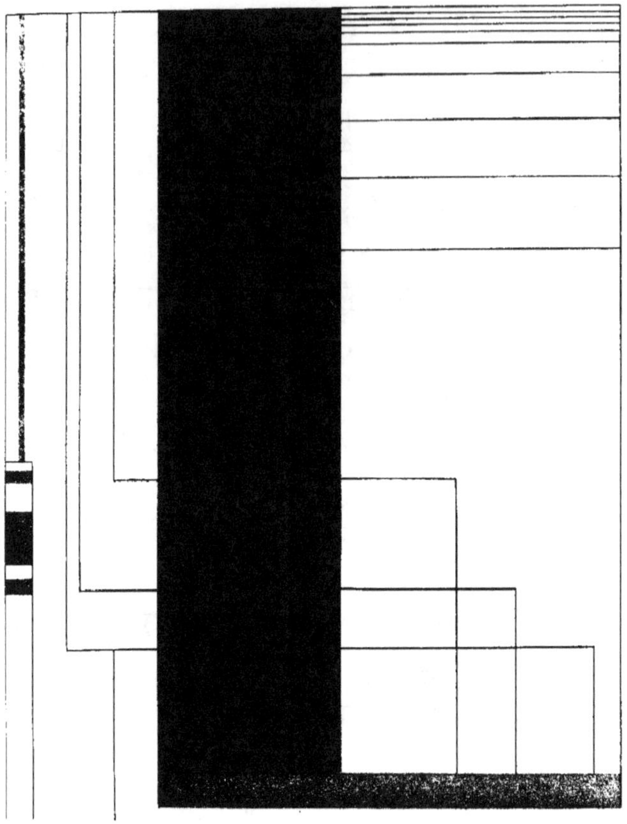

— "ꓓONC, SALUT A TOI, O MAI-
"TRE D'ATELIER, EN QUI LUIT UNE
"PARCELLE DU DIVIN, COMME LUIT LE
"SOLEIL DANS UNE GOUTTE D'EAU.
"L'INFINI DU DESSOUS DES CHOSES, TU
"LE TROUVERAS, TU LE TROUVERAS.
"ꓑASSE, TU ES PUR."

SIXIÈME
PORTE

VI

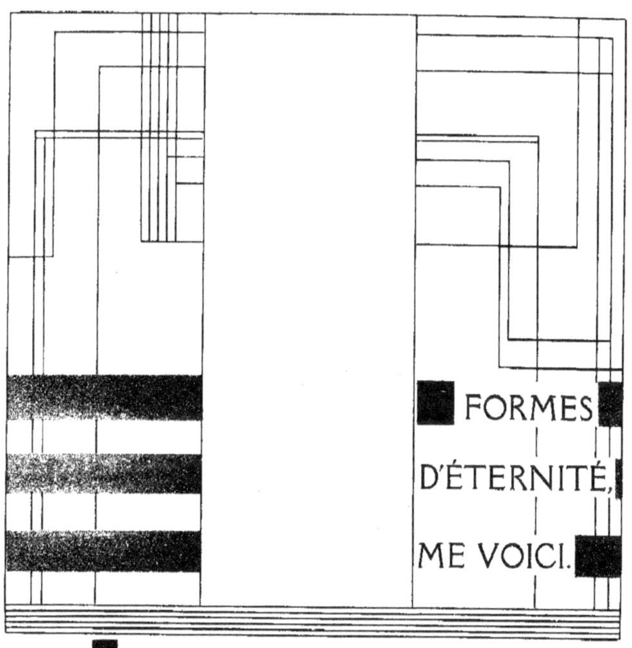

E SUIS UNE MOMIE DE VÉRITÉ.
J'AI PRÉSIDÉ AUX NÉOMÉNIES D'HIVER
ET AUX NÉOMÉNIES D'ÉTÉ. JE SUIS
UNE MOMIE DE VÉRITÉ. J'ARRIVE EN
INTERPRÈTE EN MON HEURE, POUR
DÉFENDRE MON CŒUR, DANS CETTE
SALLE DE VÉRITÉ.

E SUIS PUR, JE SUIS PUR.

'ARRIVE EN INTERPRÈTE EN
MON HEURE, AUPRÈS DU DIEU GRAND
ET DE CES NOMARQUES DE VÉRITÉ.

J'AI TRAVERSÉ LA SAINTE CONSTEL-
LATION SAHOU ET LES HORIZONS DE
VERRE. J'AI LA CONNAISSANCE DU
CIEL DU SUD, DANS LE BASSIN TRÈS
BLEU.

JE SAIS FAIRE L'OFFRANDE A LA
GRANDE AIMÉE AUX ROUGES CHE-
VEUX, COMPAGNE VOILÉE, AU SEI-
GNEUR DE LA VOIX, AU GUIDE DES
CHEMINS, A LA DEMEURE DES EPER-
VIERS, A LA MURAILLE DOMINATRICE,
AU GOUVERNAIL DE L'OCCIDENT, A
LA BARQUE D'ÉTERNITÉ.

DONC A VOUS TOUS, HOMMAGE
DE LA PART DE LA MOMIE VIVANTE,
PURIFIÉE DANS L'EAU DES CATA-
RACTES, OINTE D'ESSENCES ET D'ON-
GUENTS DE FÊTE, VÊTUE DU VÊTE-
MENT MENKH ET D'UNE ÉTOFFE DE
NUAGE. ELLE FAIT, PAR LA VOIX
JUSTE, ÊTRE RÉALITÉ LA PUISSANCE
DU VERBE DE CELUI QUI EST LE SEI-
GNEUR DU VERBE.

JUSTE DE VOIX, J'ARRIVE EN
INTERPRÈTE EN MON HEURE, POUR

DÉFENDRE MON CŒUR DE MA MÈRE,
AUPRÈS DU DIEU SOURIANT:
    JUSTE DE VOIX, JE FAIS SURGIR
LE BENNOU, PHÉNIX DE MON ESPRIT.
JE DÉCOUVRE LE PASSAGE. J'ENTRE
EN FAVORI DANS LE SANCTUAIRE DE
LA VIE SEREINE. LE RAYONNEMENT
S'EXHALE DE L'INTELLECT BRULANT.
JE SUIS PROSPÉRANT, PROSPÉRANT.

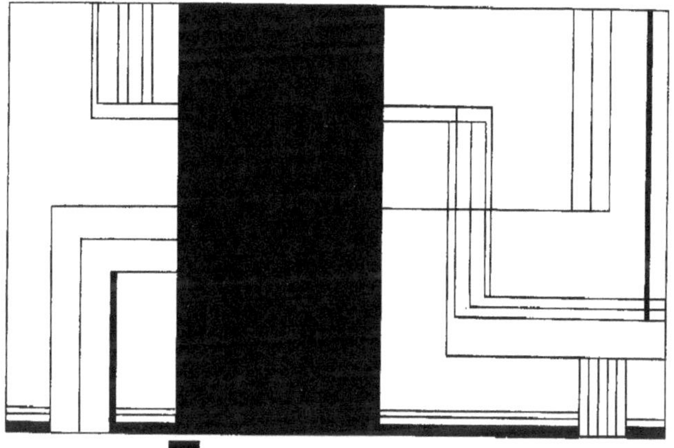

    —"DONC, SALUT A MON FILS
"DE MON FLANC, QUI ARRIVE EN IN-
"TERPRÈTE EN SON HEURE ET DÉ-
"COUVRE LE PASSAGE. TU ES LE
"TRAVERSIER DES HORIZONS DE
"VERRE ET DE LA SAINTE CONSTEL-
"LATION SAHOU.
    "PASSE, TU ES PUR."

SEPTIÈME
PORTE

VII
P. L. SCHMIED

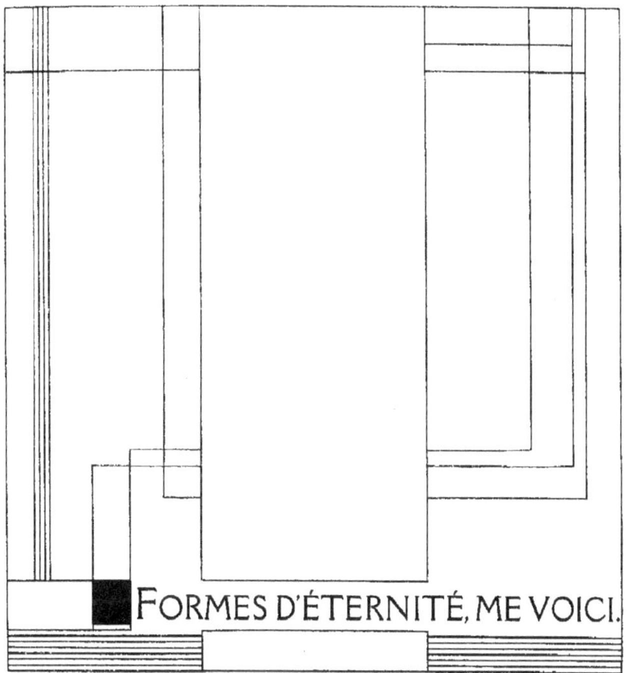

JE SUIS UN LOTUS PUR DANS LE CHAMP DU SOLEIL. JE ME TIENS DEBOUT, FORME SAGE, ET LE SOLEIL D'AUJOURD'HUI, SUR MA FACE, EST ENVELOPPÉ DANS LE SOLEIL D'HIER.

J'AI LA FORCE DE FÉCONDATION DANS MON DEVENIR, QUI EST L'ÉTAT DU MAITRE DES ANNÉES, UN JEUNE HOMME ÉTERNEL DANS LE JARDIN DE LA PÉRENNITÉ.

JE SUIS UN LOTUS PUR AU MILIEU DES BEAUX TAMARIS, AUPRÈS DU DIEU GRAND, MODELEUR QUI SE TRANSFORME EN LUI-MÊME PAR LUI-MÊME, DONT LA FLAMME EST SUR MA FACE, EN PURETÉ, EN BLANCHEUR, EN SANTÉ.

J'OUVRE LE CIEL, J'ARRIVE EN HIRONDELLE, JE PÉNÈTRE, J'EXAMINE, JE CIRCULE, DIEU LÉGER, DOUX DE PARFUM.

J'OUVRE LE CIEL, S'OUVRENT LES QUATRE ANGLES DES HORIZONS, S'OUVRENT LES MYSTÈRES DE LA DEMEURE, J'AI TOUT RETENU. JE REMETS LE SCEAU AVEC LA TERRE SIGILLAIRE, JE M'EN RETOURNE DANS MES AILES AVEC LES SOUFFLES DES GÉNIES PLANÉTAIRES. MON NOM EST "CELUI QU'ON N'ENDOMMAGE PAS".

JE SUIS PUR, JE SUIS PUR.

JE SUIS UN DE CES ÉPERVIERS SUR LEURS ANGLES, DONT L'ŒIL JAMAIS ÉBLOUI, CONNAIT LA PROFONDEUR DE L'EAU PRIMORDIALE ET QUATRE CENTAINES DE MILLIONS DE

CHOSES, LES MAITRES DE LA VOYAN-
CE ET ROIS DE L'HORIZON, DONT ON
NE PERCE PAS L'ŒUF ET DONT ON
NE VOIT PAS LE NID. MON NOM EST :
"J'ENTRE EN EPERVIER ET JE SORS
EN PHÉNIX".

JE SUIS PUR, JE SUIS L'IMAGE VI-
VANTE DU RESSUSCITÉ DANS HÉLIO-
POLIS.

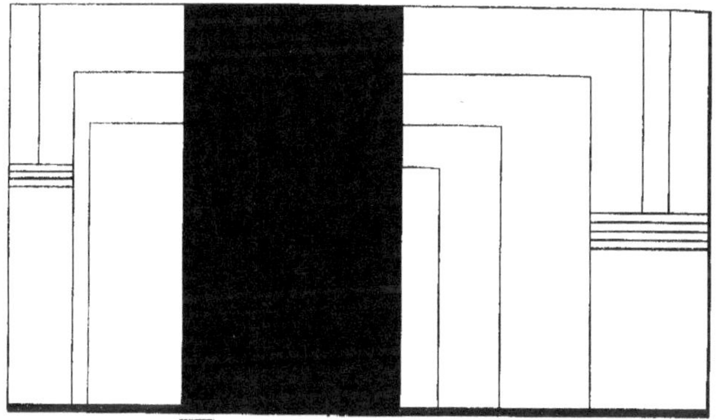

—"DONC, SALUT AU LOTUS
"DOUX DE PARFUM, A L'HIRONDELLE
"DIVINE QUI DES MYSTÈRES DE LA DE-
"MEURE A TOUT RETENU. SALUT A
"L'EPERVIER ASSIS SUR SON ANGLE,
"ROI DE L'HORIZON. SALUT A L'IMA-
"GE VIVANTE DU RESSUSCITÉ DANS
"HÉLIOPOLIS.

"PASSE, TU ES PUR."

HUITIÈME
PORTE

D'ÉTERNITÉ,   ME VOICI.

■E SUIS L'UN DE CES CHEFS RAYONNANTS DANS LEUR DISQUE, ASSIS SOUS L'ARBRE PERSÉA, AU BASSIN DU PERSÉA.
■T, RAYONNANT, JE SUIS STA-BLE. MON HORREUR EST LE DÉSOR-DRE, MA DÉLECTATION L'HARMONIE. MES SOURCILS SONT LES BRAS EN ÉQUILIBRE DE LA BALANCE.

SANTÉ DANS BIEN ÊTRE EST MON ÉTAT. DANS L'ARDEUR DE LA NUIT DU MYSTÈRE DES FORMES, JE SUIS FAVORISÉ PAR LES DEUX DIVINES COUVEUSES. ELLES SONT POUR MOI TOUTE DOUCEUR. ELLES DISPOSENT SUR MON FRONT, TALISMAN A TOUJOURS, LA BELLE COURONNE DE VÉRITÉ.

SEIGNEUR DE LUMIÈRE RÉSIDANT AU SEIN DES TÉNÈBRES ABSOLUES, ARMÉ CONTRE LES COMPLOTS DES TÉNÈBRES, J'ARRIVE. JE SUIS AU FAITE DE L'ESCALIER.

J'OUVRE LE CIEL ; JE SUIS DANS LA DEMEURE DES CŒURS ; J'AI, DANS MA POITRINE, MON CŒUR, SCARABÉE D'OR, QUI ME VIENT DE MA MÈRE. J'AI LA CONNAISSANCE DE MON CŒUR, IL EST PUR.

DURÉE, HAUTEUR, ÉTENDUE, JE LES AI DANS MES DEVENIRS. TOUT CE QUI EST, EST DANS MON FLANC. CE QUI N'EST PAS EST AU NÉANT.

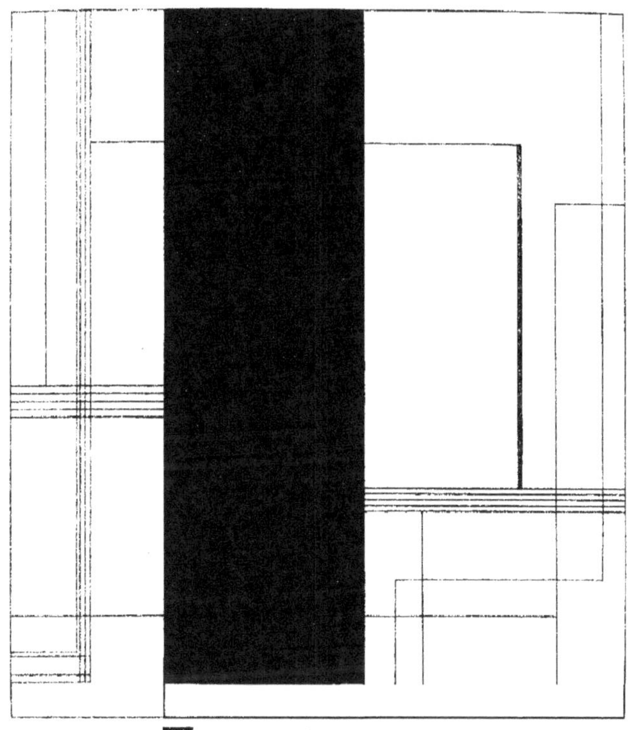

—“DONC, SALUT A CE CHEF
“RAYONNANT DANS SON DISQUE, AS-
“SIS SOUS L'ARBRE PERSÉA, AU BASSIN
“DU PERSÉA. TOUT CE QUI EST, EST
“DANS TON FLANC. SEIGNEUR DE LU-
“MIÈRE, TU ES AU FAITE DE L'ESCA-
“LIER DANS LA DEMEURE DES CŒURS.
“SALUT A TOI.

“PASSE, TU ES PUR.”

NEUVIÈME
PORTE

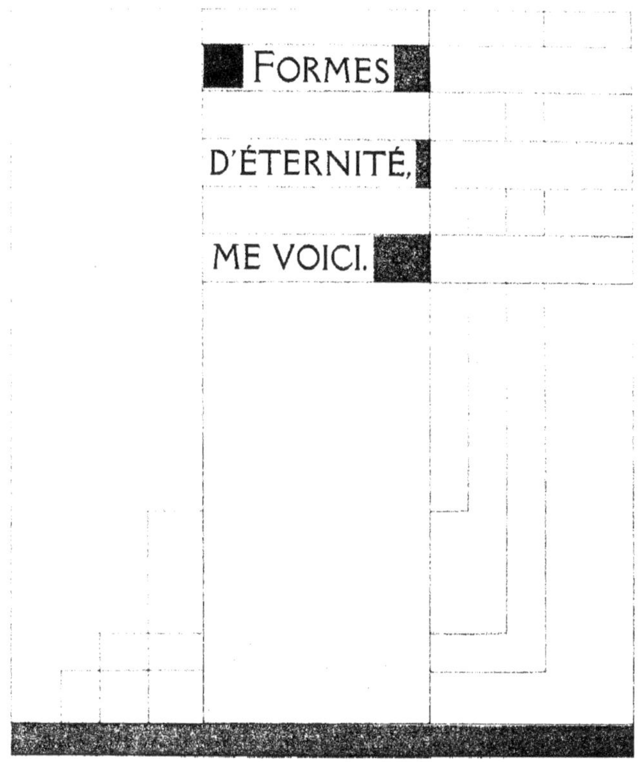

JE SUIS UNE MOMIE DIVINE, JUSTE DE VOIX AUPRÈS DU DIEU GRAND.

J'AI FAIT LE CHEMIN DE LUMIÈRE. J'AI TRAVERSÉ LES HORIZONS DE VERRE, LES ESPACES PLANÉTAIRES, LA CONVEXITÉ DES MONDES ET LA SAINTE CONSTELLATION SAHOU.

JE VIENS M'ASSEOIR AU PAYS DE VIE DEVANT LE VIGILANT DE VISAGE, L'AGITANT DE SA FACE, LE SOURIANT DE SON SOURIRE. ET J'AGIRAI SELON TON DÉSIR, O DIEU BLEU, O IMMOBILE DE CŒUR.

MES PAROLES ONT LA VIGUEUR DE LA VOIX DU SEIGNEUR DE LA VOIX, ET MES MEMBRES SONT VERTS DANS LA VIGUEUR DES MEMBRES DU DIEU GRAND.

JE SUIS LE PROPULSEUR DE L'EAU VIVE EN SON HEURE, DANS LE CHEMIN DE VÉRITÉ ET DE LUMIÈRE.

JE SUIS UNE MOMIE DONT LE NOM EST "VIGUEUR", QUI ASPIRE AUX CHARMES PUISSANTS EN LEUR HEURE, ET A LA VIE DANS UN DEVENIR DE VIE CONTRE QUI RIEN NE PRÉVAUDRA.

JE SUIS UNE MOMIE, FORME SAGE, UNE MOMIE JUSTE DE VOIX AUPRÈS DU DIEU GRAND. QUE LA MAIN DE CE DIEU ME COUVRE. JE SUIS SON FILS DE SON FLANC.

—"Donc, salut a la Momie
"dont le nom est "Vigueur" et
"qui a fait le chemin de lumière.
"Ma main te couvre. Ne crains,
"ne crains pas. Mon fluide est en
"toi. Tu es mon fils de mon flanc.
"Ne crains, ne crains pas.
"Passe, tu es pur."

DIXIÈME
PORTE

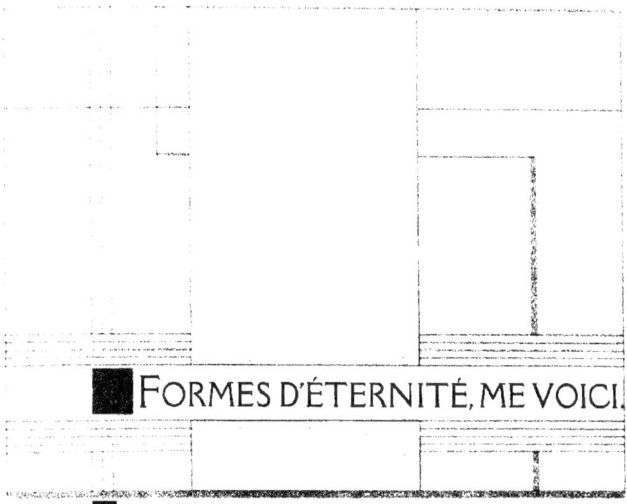

■ FORMES D'ÉTERNITÉ, ME VOICI.

■E SUIS UN OSIRIEN DE PASSA-
GE. MA DAME EST LA DAME DU SY-
COMORE, LA GRANDE AIMÉE, ROUGE
DE CHEVELURE DANS LE CIEL DU SUD,
DOUCE DE REGARD, DOUCE D'ACCUEIL,
QUI M'OFFRE LE VASE ET M'OFFRE LE
PLATEAU.

■E SUIS LE FÉAL DE MA DAME.
ELLE EST MON PÈRE, MA SŒUR ET
MA MÈRE. SON NOM PRÉVAUT DANS
LE GOSIER. ELLE EST LA MÈRE DES
MOMIES DANS LA DIVINE RÉGION IN-
FÉRIEURE, SOUS L'ŒIL DU SOURIANT
OUNNOFER, LE DIEU DU CŒUR.

ET CERTES JE CONNAIS LE SYcomore de la Dame. Je connais cette entrée aux Champs d'Ialou, aux champs bienheureux des fèves en fleurs, ou les blés ont sept coudées de haut, trois pour l'épi et quatre pour la tige. Je connais ces champs que moissonnent les Génies de l'Orient, lorsque le Dieu Bleu surgit au rugissement de sa mère.

Dame, ma patronne, arrive pour donner les souffles a mes narines, pour donner a mon front le vent du Nord issu de Khepra Toum. Rafraichis moi de la fraicheur de ton vase. Impose tes mains sur le féal, o souveraine, pour son bien, pour sa vie. Imprime pour lui ton sceau sur le sol, en signe de renouvellement, en signe de résurrection. Protège le, o protectrice, couvre le de tes ailes, œuf sous l'aile d'une douce mère.

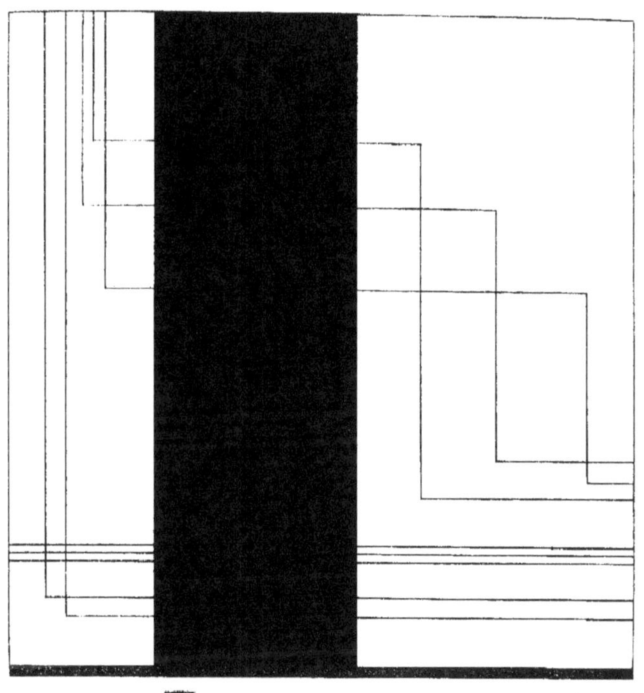

—" **D**ONC SALUT A TOI, O OSI-
"RIEN DE PASSAGE, DE LA PART DE LA
"DAME DU SYCOMORE, TA PATRON-
"NE, MÈRE DES MOMIES DANS LE DI-
"VIN·DESSOUS. SA MAIN TE COU-
"VRE, SES PLUMES TE RECOUVRENT.
"NE CRAINS, NE CRAINS PAS. TU ES
"L'ŒUF SOUS L'AILE D'UNE DOUCE
"MÈRE. NE CRAINS, NE CRAINS PAS.
"**P**ASSE, TU ES PUR."

ONZIÈME
PORTE

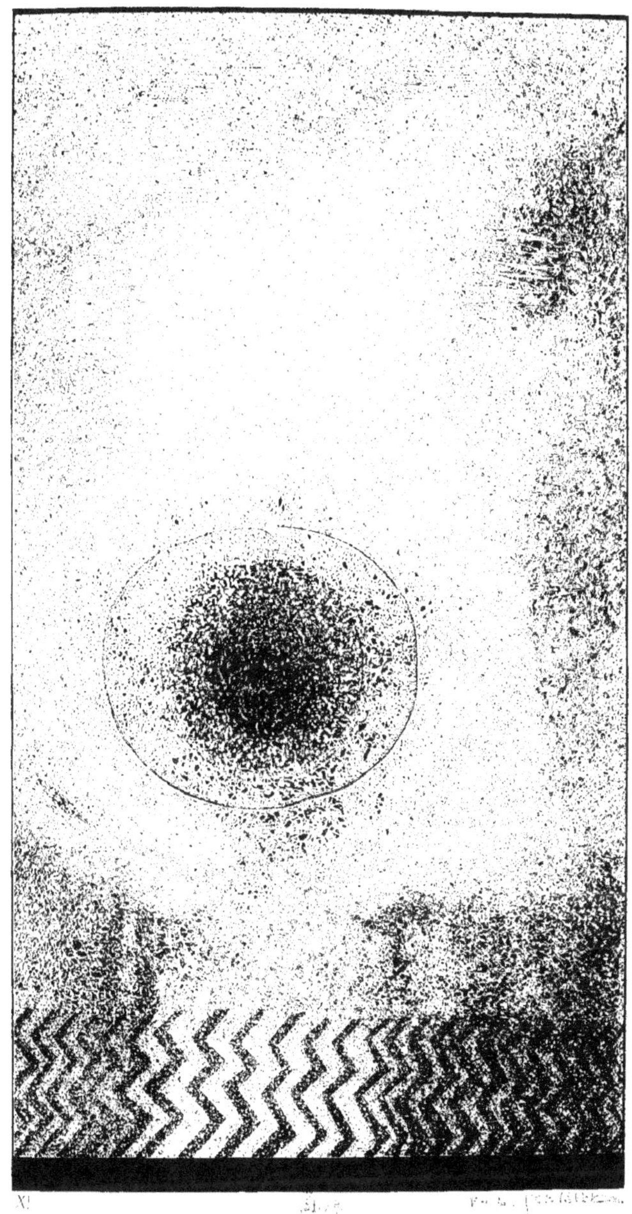

FORMES

D'ÉTERNITÉ,

ME VOICI.

JE SUIS UNE MOMIE VIVANTE
DÉGAGÉE DE SES BANDELETTES, DÉ-
LIVRÉE PAR LA VOIX JUSTE QUI FAIT
ÊTRE RÉALITÉ LA PUISSANCE DE LA
VÉRITÉ DE PAROLE.

JE SUIS UNE MOMIE DÉNOUÉE PAR LES DOIGTS SOIGNEUX DE LA DAME DES BANDELETTES, MA RÉGENTE.

VOICI QUE MON CŒUR, PAR LA VERTU DU NOU MAGIQUE, EST RENTRÉ DANS MA POITRINE. VOICI QUE MA LANGUE, PAR LA VERTU DE L'INSURMONTABLE KHOPESH, EST REVENUE DANS MA BOUCHE. VOICI QUE LA PAROLE EST RENDUE A MES LÈVRES VÉRIDIQUES. ME VOICI MA-KÉROU EN TOUTE VÉRITÉ. ET VOICI MES YEUX QUI ME SONT REVENUS. ET VOICI, A SA PLACE DE TOUJOURS, LE SIGNE OSIRIEN DE MA VIRILITÉ, MON PHALLUS DE MON PÈRE ET DE MES SEPT ANCÊTRES.

HOMMAGE DONC, A VOUS TOUS, MES SEIGNEURS, A QUI JE SUIS LIÉ PAR LES LIENS D'ALLÉGEANCE. HOMMAGE AU PREMIER DES RESSUSCITÉS, SOUVERAIN DES RESSUSCITÉS, LE COIFFÉ DE L'ATEF, L'ENVELOPPÉ AUX MAINS LIBRES QUI TIENNENT LE SCEPTRE ET LES LANIÈRES, L'ÉTERNEL SOURIANT.

HOMMAGE AU PÈRE DES PÈRES, AU CACHÉ AU MILIEU DE LA PUPILLE DE L'ŒIL, AU DÉROBANT SON ESSENCE DIVINE.

JE L'INVOQUE, ET J'ÉNONCE SES GRANDS NOMS A L'EXCEPTION DU VÉRITABLE QUI N'EST CONNU QUE DE LUI-MÊME :

AMON DES AMEN, MYSTÈRE DES MYSTÈRES, CACHÉ DES CACHÉS RAYONNANT ET TE DÉROBANT, O PHRÉ HARMAKIS KHEPRA TOUM, TOURNE TA FACE VERS TON FILS OSIRIEN, TON FILS DE TES OS, LE JUSTIFIÉ. INFUSE EN LUI TES FLUIDES AVEC LA CROIX ANSÉE.

ENTRE EN LUI. QU'IL T'ABSORBE DANS TON ESSENCE. QU'IL COMMUNIE DE TOI. VIENS, O SHAPOUKA, SHAKAMA, KHARSERAU, KHALSATA, ATARO, BAKHTANOU, KHASAKA, SHAKAMON, O BLEU, O BLEU, O BLEU. VIENS !

JE SUIS PUR, JE SUIS PUR.

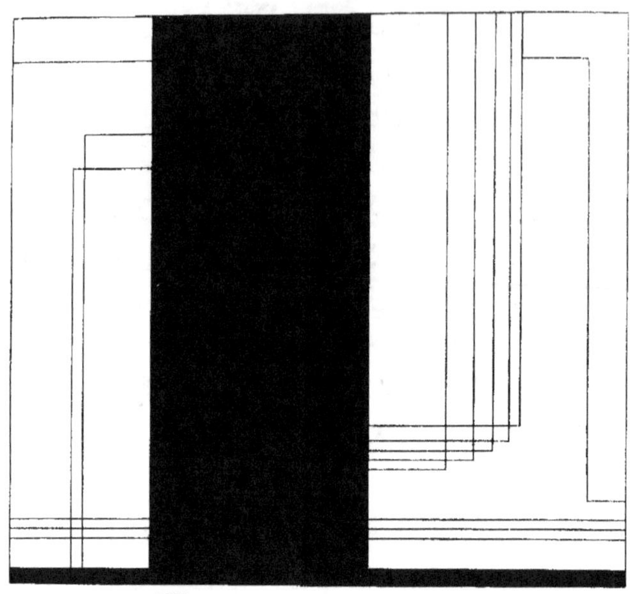

—"Donc, salut et salut de
"la part de l'Inaccessible, se dé-
"robant et se donnant, a l'Osi-
"rien le justifié, a mon fils de mes
"os, qui pour revivre, s'est renou-
"velé, qui est Ma-Kherou, qui
"jouit de sa renaissance, qui
"jouit de ses organes, qui a com-
"munié de Moi, qui est un astre,
"qui est pur de la pureté du Res-
"suscité dans Héliopolis.
                    "Passe, tu es pur."

DOUZIÈME
PORTE

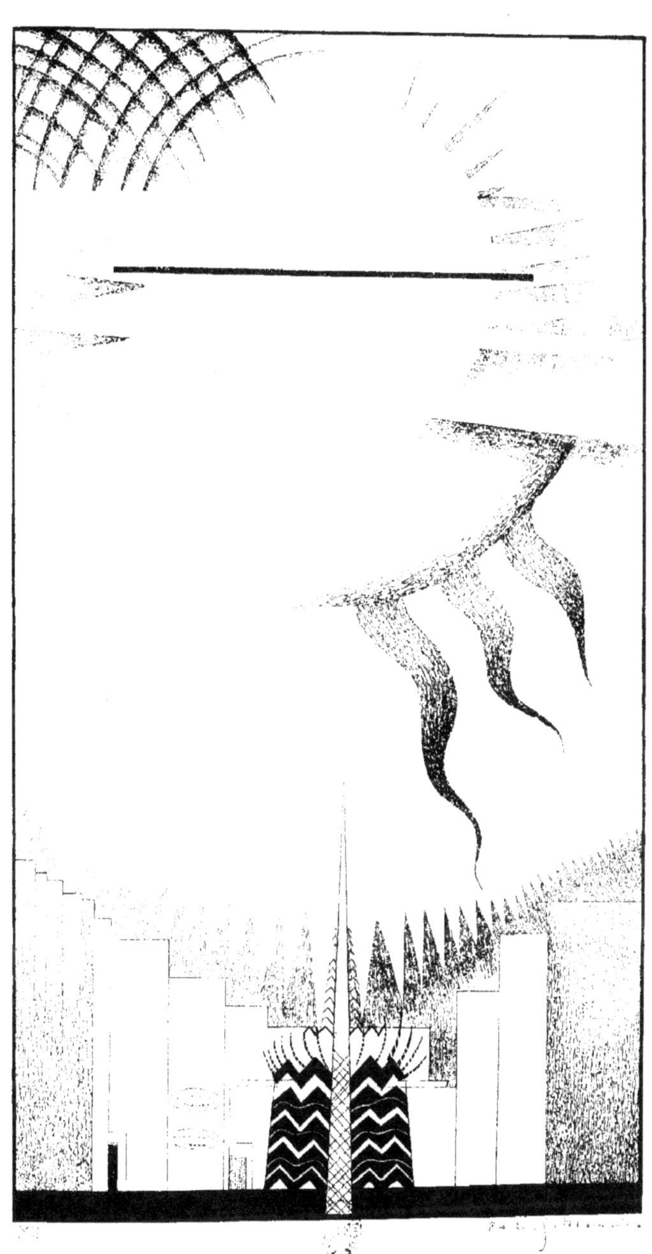

FORMES

D'ÉTERNITÉ,

ME VOICI.

JE SUIS UNE PARCELLE DES PAR-
CELLES DE LA GRANDE AME INCAN-
DESCENTE, UNE PARCELLE DES PAR-
CELLES DE LA DIVINITÉ.

JE SUIS L'ÉTERNEL AMANT DE
LA DIVINE AMIE.

AVANT TOUTE CRÉATION ELLE EXISTAIT. AVANT TOUTE FORME ELLE EXISTAIT.

QUAND IL N'Y AVAIT RIEN, ELLE ÉTAIT. QUAND LE RIEN N'ÉTAIT PAS NOMMÉ, ELLE ÉTAIT.

QUAND LE CHAOS ÉTAIT ROI, ELLE ÉTAIT. QUAND LE CHAOS DEVINT L'ORDRE, ELLE ÉTAIT.

QUAND LE DESTIN N'ÉTAIT PAS, ELLE ÉTAIT. QUAND LE DESTIN MONTRA SA FACE, ELLE ÉTAIT.

QUAND ON NE L'A PAS TROUVÉE, ELLE EST. QUAND ON NE LA VOIT PAS, ELLE EST.

ELLE N'EST PAS A DROITE. ELLE N'EST PAS A GAUCHE. ELLE N'EST PAS DESSUS. ELLE N'EST PAS DESSOUS. ELLE EST DEDANS,
ELLE EST DEDANS,
ELLE EST DEDANS.

CONDENSÉE DANS LES ÉTHERS, ELLE EST LUMIÈRE.

CONDENSÉE DANS LA MATIÈRE, ELLE EST CHALEUR.

Condensée dans les corps,
Elle est mouvement.
Condensée dans les cieux,
Elle est nuage.
Condensée dans la terre,
Elle est feu, Elle est glace, Elle
est source vive.
Condensée dans la graine,
Elle est l'arbre.
Condensée dans le germe,
Elle est moi-même, je suis Elle
et Elle est moi.

— " Donc, salut a la Parcel-
" le des Parcelles de la Grande
" Ame Incandescente, par dela
" la façade de l'Infini, salut a
" l'ame pure dans sa recherche
" du Divin Dessous, salut a l'éter-
" nel Amant de la Divine Amie.
" Donc, salut au possesseur
" des clefs du Mystère, au maitre
" des philtres et des talismans, a
" cet Enchanteur de Vérité sur
" les chemins de Vérité.

“ DONC, SALUT A CE ROI D'UN
“EMPIRE INTÉRIEUR, ASSIS SUR LES
“RIVES DU RÊVE ET DE L'ENCHAN-
“TEMENT, AU FOND DE LA RETRAI-
“TE OU BRULE L'ESPRIT IMMORTEL.

“ DONC, SALUT A CE PRINCE DU
“SENTIMENT QUI POSSÈDE DANS SA
“POITRINE LE BRIQUET DU GÉNIE, ET
“LE CLOU DE L'ÉQUILIBRE FIXÉ DANS
“SON CŒUR.

“ DONC, SALUT A CE RESSUSCITÉ
“DANS LES VEINES DUQUEL HABITE
“LA VÉRITÉ A LA MANIÈRE DES PAR-
“FUMS, ET DONT LE CŒUR EST UN
“MAGASIN D'AROMATES DES ECHEL-
“LES DE L'ENCENS.

“ DONC, SALUT PAR MILLIONS
“DE SALUTS A LA FORME RESURGIE
“DIVINE, SALUT A CE DIEU RENOU-
“VELÉ QUI S'EST RENCONTRÉ AVEC
“L'IPSÉITÉ DE L'UNIQUE, QUI S'EST
“FONDU DANS LES FORMES DIVINES.
“ PASSE, TU ES PUR.

"Désormais, plus de surprise,
"plus de surprise, plus de décom-
"position, plus de ténèbres.
  "Désormais, rien que vérité,
"rien que vigueur, rien que vie,
"santé, force.
  "Désormais rien que félici-
"té, paix, béatitude.
  "Excellent, excellent.
      "Passe, tu es pur."

C'EST FINI

CET OUVRAGE DONT LA
MAQUETTE FUT EXPO-
SÉE A LA GALERIE PETIT
EN DÉCEMBRE 1926 A ÉTÉ
ACHEVÉ D'IMPRIMER LE
30 AVRIL 1929, SUR LES
PRESSES DE F.-L. SCHMIED
PAR SES ÉLÈVES ET SON
FILS THÉO.